Comment avoir de VRAIS amis ?

Dr Stéphane Clerget
Bernadette Costa-Prades

Comment avoir de VRAIS amis ?

Albin Michel

À José Marcelin,
S.C.

À Isabelle,
B.C.P.

« Les hommes n'ont plus le temps de rien connaître. Ils achètent les choses toutes faites chez les marchands. Et comme il n'y a pas de marchands d'amis, ils n'ont pas d'amis. »

Le Petit Prince,
Antoine de Saint-Exupéry.

Introduction

Un lien précieux

Nous sommes 96 % à déclarer que l'amitié tient une place importante dans notre vie[1]. Pourtant, à l'heure de la multiplication des moyens de communication, a-t-on plus de facilités pour se faire de véritables amis ? Pas sûr...

« J'ai mille quatre cent trente-cinq amis ! » annonçait fièrement un internaute sur Facebook, le nouveau site de rencontres amicales. Mille quatre cent trente-cinq *amis*, vraiment ? Le mot est tellement galvaudé aujourd'hui ! À l'instar des adolescents, certains adultes sont fiers d'afficher un nombre important d'amis,

1. Sondage Ipsos/*L'Express*, 2000.

L'amitié n'est pas un concours de popularité.

comme si leur réseau social venait confirmer leur valeur personnelle. Ne pas être entouré par une foule est un handicap. Pis, celui qui « n'a pas d'amis » devient suspect : peut-être a-t-il des vices cachés ? Il est frappé du même ostracisme que ceux qui ne sont pas en couple.

Une valeur en hausse

D'où vient cette forte valorisation de l'amitié ? Autrefois, on ne jugeait pas quelqu'un à son nombre d'amis, on pouvait même admirer une personne qui avait suffisamment de ressources personnelles pour affronter la solitude. La proximité dans les villages n'impliquait pas ce besoin incessant de lien. On avait peu d'amis, le plus souvent choisis dans une sphère étroite, rencontrés près de chez soi. On restait ensemble par classe d'âge et voilà tout. Les plus éloignés géographiquement étaient les amis rencontrés au régiment pour les garçons, au pensionnat pour les filles. Ou encore, on puisait dans la famille élargie, auprès des cousins. Aujourd'hui, le cercle familial se réduit, nous conduisant à agrandir proportionnellement le cercle amical. D'ailleurs, à la campagne ou dans les petites villes de province où subsistent des liens de proximité, les amis semblent moins indispensables que dans les grandes villes. Si l'amitié a pris une telle valeur, c'est en partie parce que les solidarités sont moindres.

Je déménage, je change d'emploi

Les déménagements, beaucoup plus fréquents qu'auparavant, créent la nécessité de partir sans cesse à la conquête de nouvelles relations. La généralisation des contrats à durée déterminée, l'instabilité des emplois sont autant de facteurs qui limitent les amitiés sur les lieux de travail. Comment s'investir dans des relations avec ses collègues quand on sait qu'on ne restera que quelques mois ? C'est quand même dans les bureaux, les ateliers, que se développent principalement les liens amicaux quand on atteint l'âge adulte. Or, avec la dureté des relations au travail, la mise en compétition systématique des personnes entre elles, comment nouer des liens de confiance ?

On divorce

C'est souvent à l'occasion d'une rupture qu'on prend conscience de l'importance des amis... ou du vide sidéral qui nous entoure. Certains se rendent compte alors qu'ils ne connaissent plus personne. Ce phénomène, récent et en partie dû à la mixité, est renforcé par le fait qu'on cultive une certaine forme de liens amicaux dans le couple : élevés ensemble, filles et garçons ont l'habitude d'avoir des activités communes ; plus tard, quand ils se mettent en couple, ils continuent, ce qui était impensable autrefois. Ces nouvelles relations au sein du couple expliquent la grande solitude rencontrée après un divorce.

Ami ou relation ?

Ceux qui se vantent d'avoir beaucoup d'amis ont en réalité le plus souvent un vaste réseau relationnel. Sont-ils dupes ? Ce n'est pas sûr. Dans certains milieux professionnels où il est nécessaire de posséder un solide carnet d'adresses, on a fini par confondre les relations d'amitié et d'intérêt. La plupart des livres censés donner des conseils pour se faire des amis fournissent plutôt un mode d'emploi pour se faire des relations. On vous recommande de caresser l'autre dans le sens du poil, ce qui ne constitue pas la base d'une relation sincère..., même si cela peut être une première approche (voir p. 45).

Amis de la rose

Le nom de nombreuses associations laisse penser qu'il suffit de s'intéresser à un sujet, de partager une même passion pour devenir amis. Ainsi, les « Amis de la rose », du vin blanc, de la lentille du Puy ou de la pêche au lancer abondent. Avoir les mêmes centres d'intérêt peut bien sûr déboucher sur une amitié sincère. Mais ce n'est pas une condition suffisante. La preuve ? La relation survit rarement en dehors car elle n'a plus de raison d'être. C'est ce qui se passe aussi sur Internet : si la toile facilite le lien, il n'est pas sûr là encore que ce soit le meilleur moyen pour se faire de vrais amis (voir chapitre 3).

Ami ou copain ?

Un copain, on l'appelle pour faire quelque chose avec lui. Un ami, on l'appelle pour avoir de ses nouvelles.

Souvent, la confusion règne, ce qui n'est pas étonnant, car la frontière n'est pas si facile à établir. Étymologiquement, le copain est celui avec lequel on partage le pain ; actuellement, c'est celui avec lequel on partage une activité, souvent dans un même lieu : on est copains de classe, copines de boulot. L'ami, lui, résiste au changement. Même si on quitte son travail, son quartier, le lien perdure. La relation de copain nécessite de la présence et de la régularité pour se maintenir ; la relation d'amitié, elle, survit à l'absence.

Qu'est-ce qu'un ami véritable ?

Depuis l'Antiquité, on cherche à cerner les qualités requises, sans y parvenir avec certitude. Ce qu'on en dit le plus souvent ? Que c'est une personne à qui on peut faire confiance, à qui on peut tout dire, à qui on peut montrer ses faiblesses et sur laquelle on peut compter en cas de coup dur. C'est aussi quelqu'un qui ne vous trahira pas et saura garder vos secrets. Certains détails intimes, certains événements ne se révèlent qu'aux amis, et il existe des secrets d'amitié que l'on ne partage même pas avec sa famille. D'ailleurs, confier un secret à un ami est un acte de fidélité, de confiance, et une belle façon de souder la relation.

Un ami nous a choisi. Mieux, il nous a préféré.

Mon ami, mon double

L'ami peut être une moitié similaire ou, à l'inverse, une moitié très différente qui vient nous compléter. Durant l'enfance, c'est plutôt la ressemblance qui est recherchée, tant l'exclusion est redoutée, même s'il est vrai qu'il y a parfois quelques couples d'opposés qui fonctionnent bien : le timide et l'extraverti, le sportif et l'artiste... Mais en grandissant, la plupart du temps, les enfants définissent leur ami en disant : « On aime les mêmes choses », comme si le fait d'avoir des désirs pointant dans la même direction suffisait à souder le lien. À l'adolescence, ils chercheront leur double, choisiront le même sport, regarderont les mêmes filles, les mêmes garçons. Et ils s'étonneront par la suite de se voler leurs conquêtes !

Emmène-moi au bout de la terre

À l'âge adulte, on recherche plus volontiers un subtil mélange d'affinités – « Qui se ressemble s’assemble » – et d’altérité. Une certaine communauté de points de vue et de goûts est nécessaire, mais on attend aussi d’un ami qu’il nous emmène vers des univers inconnus, qu’il élargisse notre horizon, nous enrichisse de ses expériences et de ses savoirs. Si, dans l’enfance, notre ami nous a permis de nous éloigner du giron familial pour aller vers le monde, plus tard, il nous aide à ne pas réduire notre univers à notre couple et nos enfants. Avec un ami, on va vers des ailleurs sans crainte, il nous tient la main : une amie artiste nous fait découvrir la peinture ou la musique, un ami sportif nous entraîne dans un raid en montagne, là où nous n’aurions jamais osé nous aventurer tout seuls. Avec l’ami, c’est un peu comme si nous avions deux vies, donc deux fois plus de plaisir. Quand nous n’avons pas le temps d’aller au cinéma, il nous raconte le film...

Quatre bras, quatre jambes

L'ami n'est pas uniquement un pur esprit. Il nous vient en aide au quotidien : c'est avec lui qu'on retape le toit de la maison, qu'on s'échange des gardes d'enfants. C'est lui qui nous aide à repeindre le garage ou à affronter la cohue des soldes. C'est comme si on avait quatre bras et quatre jambes ! Les hommes surtout soudent des amitiés autour d'activités communes, de risques partagés. Vivre des moments forts constitue souvent le socle d'amitiés solides, on l'a vu durant la Résistance. Plus prosaïquement, le fait de se perdre en montagne, de passer une nuit dehors, d'affronter une tempête en mer crée de riches souvenirs qui alimentent l'histoire de l'amitié, même si bien souvent de purs éléments de légende s'y greffent !

Un ami, ça stimule !

Petit enfant, à qui se mesurer ? Les parents sont des adultes, les frères et sœurs ne sont pas du même âge. Seule la comparaison avec notre ami peut nous pousser à progresser, car il y a toujours un peu de compétition avec l'ami, au bon sens du terme, celle qui stimule et pousse en avant. Un ami nous tire vers le haut. On l'admire, on le suit comme un modèle et on espère, en forçant un peu ses compétences, pouvoir s'en approcher. Comme il est un peu notre double, en cherchant à le dépasser, on cherche à se dépasser soi-même, tout en sachant que le but n'est pas de le dépasser tout le temps, mais que chacun le fasse à tour de rôle.

« Tu me stimules et tu me rassures », disait Françoise Sagan à son amie Florence Malraux.

Comme les deux doigts de la main

Les amitiés sont parfois inégalitaires. Est-ce un problème ? Pas toujours. Ces relations-là se nourrissent de transmission : l'un est le maître à penser, l'autre le faire-valoir, chacun joue sa partition, chacun y trouve son compte. L'expression « être comme les deux doigts de la main » illustre bien cette situation : bien que soudés, reliés entre eux, ils ne sont jamais de même longueur.

Ma deuxième famille

« Il est comme mon frère, elle est comme sa sœur », entend-on souvent à propos d'un(e) ami(e). Pourtant, le lien amical n'a rien de familial et c'est ce qui fait sa richesse. L'ami est un trésor que l'on possède en dehors des liens du sang. Il appartient plutôt à la deuxième famille, celle que l'on choisit, à l'inverse de la famille d'origine où les liens sont imposés. D'ailleurs, les amis viennent souvent compenser les mésententes familiales.

À deux, on est plus forts

L'ami nous aide à affronter les difficultés et nous protège. Avec lui, on se sent moins vulnérable. Ensemble, nous formons une entité dans laquelle nous nous sentons moins exposés aux orages de la vie. Il est un allié, un partisan, un rempart contre les ennemis.

Quand on se trouve avec son ami, on peut baisser la garde, on est moins sur le qui-vive : c'est un peu comme si on avait posé sa valise parce qu'on a la possibilité de s'appuyer un peu sur lui. En élargissant notre cercle, en nous présentant ses amis, l'ami nous aide à nous sentir plus entouré, donc plus rassuré.

L'amitié est un excellent rempart contre l'angoisse et le meilleur des antidépresseurs.

Miroir, mon beau miroir...

Tout est dit dans l'expression « trouver grâce aux yeux de son ami ». Dans son regard, on se sent plus beau ; nous avons la grâce dans le regard de notre ami. Même quand on a quitté l'adolescence, l'ami reste notre miroir, mais un miroir magique, où notre reflet se trouve embelli. L'actrice Michèle Laroque résume bien ce phénomène et ses effets positifs : « Comme mes amis me voient mieux que je

Une vieille amitié est le plus fidèle des miroirs.

ne suis, ils m'obligent sans cesse à montrer le meilleur de moi-même. »

Notre garde-fou

L'ami garde en mémoire ce que nous sommes. Il connaît notre histoire, et c'est rassurant. Il a des dossiers sur nous, mais au bon sens du terme ! Il a suivi notre évolution et se fait le témoin de nos changements. En cela, il est notre étalon et peut nous mettre en garde s'il estime que nous nous égarons. Dès que l'on se fourvoie, il nous en avise aussitôt. Il est le seul qui puisse vraiment nous prévenir quand nous sommes sur une mauvaise pente car, contrairement à une idée reçue qui voudrait qu'un ami ne juge pas, il est au contraire notre meilleur garde-fou. Un ami sait donner un coup de main mais aussi un coup de pied aux fesses !

« Le plus grand effort de l'amitié n'est pas de montrer nos défauts à un ami, c'est de lui faire voir les siens », La Rochefoucault.

Un lien rare et privilégié

On le voit, ces qualités ne se rencontrent pas tous les jours chez les personnes que nous côtoyons. Un ami ne cumule pas forcément tous ces atouts, mais il en possède un nombre suffisant pour le devenir. À l'inverse des relations avec des copains, l'amitié ne se conjugue pas facilement au pluriel, tout simplement parce qu'elle a besoin de temps, qu'elle est longue à mettre en place, même si, avant d'avoir des amis fidèles, on passe forcément par la case copain, le temps de transformer la relation en lien privilégié.

L'ami de tout le monde n'est pas vraiment un ami.

Chapitre 1
Les obstacles à l'amitié

Notre mode de vie actuel n'est pas toujours propice à la rencontre de nouveaux amis, ni à l'entretien des relations au long cours. Les obstacles à l'amitié peuvent être passagers ou durables, les difficultés, venir de soi ou de l'extérieur.

L'individualisme

Nos sociétés occidentales sont de plus en plus individualistes et l'éducation au sein de familles réduites renforce ce phénomène. Autrefois, les enfants étaient dilués dans une collectivité, ils devaient attendre leur tour pour parler à table, s'écouter les uns les autres. Aujourd'hui, chaque enfant est au centre du dispositif familial : on l'écoute, on l'encourage à donner son opinion, on lui laisse la parole, au détriment parfois de celle des adultes... En grandissant, il faut qu'il apprenne à ne plus se prendre pour le nombril du monde, à gagner seul l'intérêt des autres, car celui des parents ne suffit plus ! Certains ont du mal à s'y résoudre.

L'individualisme est l'ennemi de l'empathie.

L'égocentrisme

L'ère du témoignage, très présent dans les journaux et la télévision, contribue encore à cette tendance à l'égocentrisme, chacun étant persuadé que sa parole vaut plus que celle des autres. Chaque vécu, chaque expérience est mis en lumière comme s'il avait valeur de vérité générale. Résultat : plus personne n'écoute les autres, sa propre histoire paraissant à chacun nettement plus intéressante que celle de son voisin. On ne se reconnaît pas dans le récit de l'histoire de l'autre ? Nous voilà trépignant pour pouvoir enfin reprendre la parole et exposer notre point de vue. Cette attitude est un frein puissant au lien d'amitié, qui se nourrit d'écoute, d'empathie et de réciprocité. Dans un duo d'amis, chacun doit être au centre à tour de rôle, l'amitié étant placée au cœur de la relation, comme un troisième élément à chouchouter.

L'âge

La capacité à se faire des amis diminue avec l'âge. Comme en sport, on est plus rouillé, de la même façon qu'on a plus de difficultés à apprendre une langue étrangère ! On a également une capacité d'empathie moins forte, une moindre disponibilité. Observez un jeune à qui l'on propose une soirée chez des inconnus. Sa réaction sera probablement : « Super, on y va ! » Faites la même proposition à un adulte et il froncera les sourcils : « Qui sera là ? C'est où ? » Avec les années, nous perdons ce bel esprit d'ouverture...

À tenter – Défi : on se force à partir avec une personne que l'on connaît peu, à passer la soirée avec une vague connaissance qui pourrait devenir un ami, bref, à risquer la surprise de la rencontre !

Les préjugés

Autre obstacle de taille : plus on avance en âge, plus on est en proie aux préjugés. « Ce propriétaire d'une voiture rouge, c'est forcément un m'as-tu-vu ! » Et si tout simplement, il avait acheté la moins chère du garage ?

Là encore, les jeunes nous donnent des leçons. Pour les adultes, les humains sont rangés dans des petites cases, pas pour eux. Demandez à un ado : « Que font les parents de ton ami ? », il vous regardera avec de gros yeux ronds. Non seulement il n'en sait rien, mais il s'en fiche complètement ! Il a un appétit de rencontres qui se moque bien des barrières sociales.

À tenter – Laissez-vous étonner par la différence.

Les petites habitudes

Avec l'âge, on est pris dans des habitudes, alors que l'amitié demande de la souplesse. Nous sommes souvent engagés dans une routine que nous avons du mal à modifier. Prisonniers de nos rituels, nous avons peur d'en changer, nous ne voulons pas être trop bousculés. Autant de freins à l'amitié ! Il faut savoir lâcher prise et passer par certains renoncements : tant pis pour le désordre, tant pis si on se couche un peu tard...

À tenter – Et si je n'avais pas mes céréales au petit déjeuner ? S'en passer et observer : on survit très bien !

La méfiance

La méfiance est le degré supérieur du préjugé. Le monde apparaît comme une jungle dont il faut se préserver à tout prix. Le méfiant est incapable de séparer le bon grain de l'ivraie, il met dans le même sac tout le genre humain, il n'y a bien que son chien pour le comprendre ! Il a souvent peur d'avoir affaire à quelqu'un d'intéressé, surtout s'il a une position sociale importante. Mais il peut y avoir de l'intérêt *et* de l'amitié, ce n'est pas totalement incompatible. Vous craignez d'attirer parce que vous avez réussi ? Mais c'est probablement aussi parce que vous avez une belle énergie ! Elle force l'admiration, un ingrédient important en amitié.

À tenter – Luttez contre vos petits penchants parano.

Le manque de temps

La vie actuelle impose à chacun un rythme peu compatible avec l'entretien des liens d'amitié. Quand on rentre chez soi, après des heures de transport ou d'embouteillages, il faut faire un véritable effort pour ressortir voir des amis, passer un coup de fil pour pendre des nouvelles. Et pourtant... Prendre du temps pour ses amis est essentiel. On ne peut pas se contenter d'un petit mail par semaine pour entretenir une relation affectueuse. L'amitié a besoin de contacts pour se nourrir, d'actions communes, de face-à-face (voir p. 93).

« Les distances ne détruisent pas l'amitié absolument, mais empêchent son exercice », Cicéron.

À éviter – Devenir l'ami de la télé et du dvd.

Le choc amoureux

Ne dit-on pas que les amoureux sont seuls au monde ? Il est clair que les premiers temps de la rencontre amoureuse ne sont pas propices à l'amitié. Pas de panique : la plupart du temps, à l'heure de la première dispute, on retrouve le numéro de téléphone de ses amis… À moins qu'on ne soit resté trop longtemps sans donner de ses nouvelles…

À éviter – La tentation de l'isolement ! Il n'est jamais bon, même par amour.

Les amis dans le couple

Parfois, nos amis ne s'entendent pas avec notre nouvel amoureux ; ou notre amoureux se méfie d'eux. Représentant notre vie d'avant, ils peuvent être vécus comme une menace pour le couple. Mais, en cédant à la pression de l'autre, en ne voyant plus que ses amis, vous risquez de vous retrouver bien seul(e) si votre relation s'arrête un jour.

À tenter – Vous n'êtes pas obligé(e) d'aimer ses amis, mais faites tout pour garder les vôtres !

La naissance d'un enfant

Quoi de plus agaçant pour un célibataire sans enfant de voir des parents béats devant un bébé braillard ? L'ami doit supporter le récit de l'accouchement, les raisons qui rendent difficile le fameux rot après le biberon... Même le spécimen le mieux attentionné n'a qu'une envie : prendre ses jambes à son cou. Vous nagez dans le bonheur avec votre nouvelle progéniture ? Pensez toutefois à varier les sujets de conversation et profitez au contraire de vos amis pour élargir votre horizon !

À tenter – Les petits malins nommeront parrain ou marraine les meilleurs amis, seule façon de les intégrer durablement dans le cercle des aficionados.

La rupture amoureuse

Un divorce peut favoriser l'ouverture vers de nouvelles relations, mais pas systématiquement.

Le premier réflexe après une rupture est de se mettre en quête d'un nouvel amour, ce qui n'est pas toujours une bonne idée. Après une rupture, la déprime est souvent au rendez-vous, nous rendant moins attirants, plus fragiles. Résultat : on enchaîne les échecs, on perd confiance, le cercle vicieux est enclenché ! Mieux vaut se reconstruire avant de se lancer à la recherche d'un autre amoureux. Développer son cercle d'amis est une bonne manière de remonter la pente, de recouvrer l'estime de soi, si nécessaire à la séduction.

À tenter – Les sites de rencontres amoureuses peuvent aussi être des occasions de rencontres amicales.

Le chômage

Le chômage pousse souvent au repli. Sans travail, on ne sait plus trop qui l'on est, ni de quoi on pourrait bien parler. On ne se sent pas assez intéressant pour les autres. On peut même devenir carrément désagréable et faire le vide autour de soi. Pourtant, c'est dans ces moments-là que l'on compte ses vrais amis, les relations fondant en général comme neige au soleil quand surgissent les difficultés ! Cette expérience douloureuse peut donner une autre sensibilité, une manière différente de voir la vie, notamment en réfléchissant à l'amitié pour mieux s'entourer à l'avenir.

« On voit qu'un ami est sûr quand notre situation ne l'est pas », Cicéron.

À tenter – Les associations de retour à l'emploi permettent de rencontrer de nouvelles personnes que l'on n'aurait pas rencontrées dans un autre contexte.

La maladie, le handicap

Voilà un test infaillible auquel est soumise l'amitié. Comment résiste-t-elle à la tourmente qu'introduit un tel bouleversement ? Souvent, ces événements douloureux de la vie transforment le caractère, de façon transitoire du moins : l'ami affaibli peut devenir plus irritable, avoir de nouvelles exigences qui perturbent l'équilibre de la relation. Il faut savoir en tant qu'ami accepter ce passage. Peut-être le plus raisonnable est-il de demander à l'autre ce que l'on attend de lui, sans attendre qu'il le devine ? On aimerait tant être compris sans avoir besoin de s'expliquer... Malheureusement, ce n'est pas possible. Il y a un effort de communication à faire, avec la plus grande sincérité sur son ressenti.

La peur d'être abandonné

La peur d'être lâché est le signe d'une souffrance remontant à l'enfance qui pousse certains à s'attacher aux objets plutôt qu'au genre humain : au moins, eux ne nous laissent pas tomber ! Cette peur existe en amour comme en amitié, lorsque les parents ont été défaillants. Ou peut-être craint-on de revivre de douloureuses exclusions dans la cour de récréation ? Dans toutes les classes, il y a un bouc émissaire et dans ces situations les adultes ne sont souvent pas à la hauteur. Sous prétexte qu'il faut laisser les enfants se débrouiller, ils détournent les yeux. Plus grave encore, ils se demandent : « Il est seul et rejeté, est-ce qu'il ne le cherche pas ? » Arriver avec cette expérience d'exclusion à l'âge adulte constitue un vrai handicap pour se faire des amis.

À tenter – Repérez les blessures d'enfance grâce à un petit coup d'œil dans le rétroviseur, avec le soutien d'un psy s'il le faut : il vous aidera à comprendre cette peur de l'abandon.

Une trop forte demande

Attention à ne pas trop se reposer sur ses amis ! À la longue, c'est fatigant pour eux... Peut-être souffrez-vous d'avoir été un peu trop materné durant l'enfance ? Dès que vous vous attachez à quelqu'un, que ce soit en amour ou en amitié, vous répétez ce lien de dépendance... Mais, pour que la relation d'amitié soit harmonieuse et équilibrée, il est important que le soutien tourne, que la prise en charge ne soit que momentanée. D'autant que, dans ces cas-là, tout occupé à vous plaindre, vous oubliez de prendre des nouvelles de vos amis.

À tenter – On peut compter sur ses amis, mais ne pas tout attendre d'eux.

Une trop grande exigence

Qui cherche un ami sans défaut reste sans ami.

Vous rêvez d'un seul ami, fidèle, parfait, mais il est difficile de trouver cette perle rare. Vous êtes resté sur le code de l'amitié, de la loyauté chevaleresque, à la vie à la mort ! Seulement voilà : la relation amicale est humaine, tout simplement. Elle comporte des forces et des faiblesses. La tolérance envers les petits défauts des amis est nécessaire. Sans elle, on reste seul.

La rigidité

Et si vous imposiez à l'amitié un cadre tellement contraignant que personne ne peut entrer dedans ? D'où vous vient cette rigidité ? Il est bon d'y réfléchir car elle envahit probablement vos autres relations... Peut-être est-ce la peur de vous confronter à une situation que vous ne maîtrisez pas ? En protégeant le cadre, vous pensez protéger la relation, mais, en réalité, vous l'étouffez...

Comme quand on était petit...

C'est la relation fraternelle qui nourrit l'amitié à l'âge adulte. Bien souvent, on se comporte avec ses amis comme on s'est comporté avec ses frères et sœurs, comme si la relation nous avait servi de modèle. On retrouve tous les ingrédients qui composent le lien fraternel : la complicité, la solidarité, l'art de la confidence, mais aussi la bonne dose de rivalité qui les accompagne ! Et oui, l'amitié n'est pas un long fleuve tranquille uniquement fait de bons sentiments (voir p. 101).

Le poids de la famille

L'amitié s'apprend durant l'enfance : si, chez vos parents, on ne recevait jamais d'amis, peut-être n'avez-vous pas le mode d'emploi de ce genre de relations ? La famille et l'éducation constituent parfois un obstacle de taille à l'amitié, un obstacle intérieur qui nous empêche de nous ouvrir aux autres. Dans certaines familles, tout étranger est vécu comme une menace, un danger potentiel. Parfois, à l'adolescence, alors que l'amitié aurait dû permettre de prendre de la distance avec ses parents, cette séparation n'a pas pu avoir lieu et on est resté dépendant d'eux. Dans ce cas, seule une thérapie peut permettre de desserrer ces liens familiaux trop présents.

La peur de l'homosexualité, le manque de modèle

Cette peur concerne essentiellement les hommes. Certains voient se profiler le spectre de l'homosexualité dès qu'ils développent une relation affectueuse avec une personne du même sexe. Cela dit, la difficulté à créer des liens amicaux ne vient pas toujours uniquement de cette crainte. Elle dépend aussi de la relation entretenue avec le père, parfois distante et peu chaleureuse. Beaucoup d'hommes n'ont pas l'habitude d'avoir des relations affectives avec d'autres hommes. Ajoutons que les hommes sont souvent plus entiers et qu'ils ne pardonnent pas facilement une trahison.

L'exclusivité

Certaines personnes vivent l'amitié sur le modèle des relations qu'elles ont entretenues non pas avec leurs frères et sœurs, mais avec leurs parents. Vous n'êtes pas partageux ?

Dès que vous avez un ami et qu'il s'éloigne un peu ou se fait d'autres relations, vous le vivez comme une trahison ? Le fait d'avoir été trop collé(e) à votre mère vous donne peut-être une tendance à l'exclusivité. La relation devient vite étouffante et vos amis fuient devant une telle demande. Ou encore, vous allez trop vite et vous voulez tout de suite devenir le meilleur ami de quelqu'un que vous connaissez à peine. En l'appelant trois fois par jour, vous ne laissez pas d'espace pour que grandisse le sentiment d'amitié.

Une trop forte demande n'est jamais attirante.

L'addiction

Que ce soit à l'alcool, au travail, au cannabis, aux jeux vidéo… votre dépendance à une activité ou à un produit ne laisse aucun espace à l'amitié, non seulement dans votre emploi du temps, mais aussi dans votre tête. Peut-être passez-vous des heures dans une salle de sport à faire de la musculation ou du footing en solitaire sans parler à personne ? Comblé par votre « passion », vous en oubliez le genre humain. À moins que vous ne préfériez vous attacher à un produit plutôt qu'à une personne : ainsi, vous avez l'impression de garder la maîtrise totale de la relation. Paradoxalement, c'est pour ne pas dépendre d'un être humain, qui risquerait à tout moment de vous lâcher, que vous lui préférez un produit, avec l'illusion d'en contrôler l'usage.

Chapitre 2
L'art de faire des rencontres

**S'il n'existe pas de mode d'emploi pour se faire des amis, certaines attitudes favorisent les rencontres et d'autres les découragent.
Prêt pour le plan d'action ?**

Passez par la case « copain »

Avant de se faire un ami, il faut d'abord savoir faire des rencontres, lesquelles pourront éventuellement se transformer en amitiés. Vous déplorez le bavardage qui ne mène à rien, la superficialité des rapports humains ? Pourtant, c'est la première marche sur laquelle il faut monter pour accéder aux strates supérieures de

Prenez le temps de laisser grandir une relation vers une amitié sincère.

l'amitié ! Derrière une relation se cache peut-être un ami… N'hésitez pas à « goûter » à plusieurs personnes avant de savoir laquelle vous aimerez vraiment. Peut-être que cette personne qui vous plaît moyennement aura, elle, des amis qui vous plairont ? Tentez l'aventure.

Au travail !

Comportez-vous avec les autres comme vous aimeriez qu'ils se comportent avec vous.

Se faire des amis nécessite des efforts, notamment celui, essentiel, d'aller vers les autres. C'est à vous de faire le premier pas plutôt que d'attendre qu'on vous adresse la parole. Il faut sortir de soi, aller parfois contre sa nature. À ce stade, on ne parle pas encore d'amitié mais juste d'un petit échauffement. On vous présente quelqu'un ? Au lieu de vous morfondre en maugréant : « Qu'est-ce que je vais bien pouvoir dire ? », lancez-vous ! Demandez à votre interlocuteur ce qu'il aime, bonne amorce. Mieux : posez-lui les questions que vous aimeriez qu'il vous pose ! Voilà un excellent baromètre pour vous donner des sujets de discussion.

Rien d'intéressant, vraiment ?

Ce qui nous empêche d'aller vers les autres ? Le plus souvent, la peur de ne pas être assez intéressant. Un petit test s'impose : écoutez les conversations autour de vous, au restaurant, à la machine à café. Entendez-vous des propos définitifs sur le devenir humain ? des idées qui vont changer la face du monde ? Non ? Alors, n'hésitez pas à parler vous aussi de la pluie ou du beau temps, du dernier film que vous avez vu, avant d'enchaîner éventuellement sur des sujets plus sérieux ou plus intimes. Discuter, c'est aussi échanger sur des choses légères, ce que savent très bien faire les femmes qui bavardent pour resserrer les liens.

Persévérez, même si les résultats ne sont pas immédiats : se faire des amis est un travail de fond.

Aimez-vous avant d'aimer les autres

La difficulté à faire des rencontres vient souvent d'un manque d'estime de soi : on se trouve nul, trop transparent... Comment avoir une meilleure image de vous ? Voici quelques petites techniques qui ont fait leurs preuves :

- Concentrez-vous sur vos réussites et mettez en sourdine vos échecs.

Ce n'est pas parce que vous n'êtes pas sûr de vous que vous n'êtes pas intéressant.

- Ne prenez pas les soucis de la vie qui ne dépendent objectivement pas de vous comme des fautes personnelles.

- Renoncez à entreprendre des choses trop difficiles, dont les buts sont trop éloignés ou incertains. Des exemples ? S'inscrire à un club de basket quand on mesure un mètre cinquante, espérer parler le chinois en trois mois...

- Cultivez les domaines où vous êtes bon et évitez de vous comparer sans arrêt avec ceux qui réussissent mieux que vous.

- Soyez plus indulgent et apprenez à vous pardonner.

- Relativisez les critiques et répondez-y quand elles vous semblent fausses ou disproportionnées, surtout si elles portent sur votre personne plus que sur vos actes.

Repérez les signaux positifs

Osez croire que les autres peuvent s'intéresser à vous ! Quand une personne vous envoie un signal positif, il faut savoir le détecter, que ce soit dans une réunion, un repas, par un regard ou un sourire. Vous êtes asiatique et quelqu'un lance « J'adore l'Asie ! » ? Prenez-le pour ce que c'est, une main tendue. Enfermé dans votre tour d'ivoire, vous pouvez laisser passer ce genre d'appel.

Décodez les signaux négatifs

Paradoxalement, un message hostile peut être une marque d'intérêt ! Songez aux westerns où l'on voit deux hommes se bagarrer au début du film, puis tomber dans les bras l'un de l'autre au saloon, juste avant le générique de fin. Ou encore aux films dans lesquels deux femmes que tout oppose deviennent les meilleures amies du monde. Juste une petite question : ne vous arrive-t-il pas, à vous aussi, d'être agressif parce que vous vous sentez mal à l'aise ? Il suffit qu'on vous fasse un compliment pour que votre carapace fonde...

Intéressez-vous aux gens qui vous détestent sans raison !

Ne soyez pas trop autonome

Oui, vous avez bien lu ! Les personnes seules sont souvent très autonomes. Trop ? Vous, vous n'avez besoin de personne pour vous diriger dans une ville, faire un bœuf bourguignon ou monter vos étagères. Pour ne pas avoir à solliciter un service, vous avez toujours fait des efforts surhumains. Et si vous changiez d'attitude ? N'hésitez pas à demander un coup de main à vos voisins, à vos relations. C'est une perche tendue pour faire connaissance.

À Paris comme en province, depuis que des vélos ont été mis à la disposition des habitants, les usagers ne se sont jamais autant parlé : « Savez-vous où il y a une borne de libre ? Mon cadenas ne marche pas... » Ne négligez aucune occasion de vous adresser à vos semblables !

N'ayez pas peur d'être redevable

Demander un service ne vous enchaîne pas aux autres pour la vie. Considérez cela comme un échange. Le voisin vous aide à brancher votre machine à laver ? Vous lui prêterez des chaises quand il recevra des amis. Quand on ose solliciter les autres, on se rend compte la plupart du temps qu'ils sont ravis de nous venir en aide. Cela les valorise, ils se sentent importants, tout comme vous vous sentirez agréablement utile quand votre tour sera venu.

Ceux qui donnent le sentiment de n'avoir jamais besoin de personne sont souvent très seuls.

Ouvrez l'œil !

Vous croisez une foule de gens chaque jour sans les voir, que ce soit dans votre immeuble, au bureau, au café… Et si vous décidiez d'aller à leur rencontre ? Demandez-leur leur prénom, ce qu'ils font dans la vie. Repérez une personne isolée comme vous, elle sera ravie que quelqu'un s'assoie à côté d'elle à la cantine. À moins que vous n'ayez les mêmes préjugés sur les solitaires que les autres ? Ce serait dommage. Vous êtes bien placé pour être indulgent vis-à-vis de ceux qui ont du mal à entrer en contact. Ce premier réseau informel vous aidera à élargir votre cercle par la suite.

Personne ne vous reprochera jamais de vous intéresser à lui.

Transformez vos essais

Ça y est ? Vous avez échangé vos numéros de téléphone avec votre collègue de la comptabilité ? N'hésitez pas à être celui qui appelle le premier. Faites aboutir le vague projet « On se téléphone, on se fait une bouffe » en prenant date – bref, soyez à l'initiative des prochaines rencontres que vous allez faire. Vous pensez que c'est à lui de vous appeler ? Vous attendez trop d'être désiré par les autres. Mieux vaut manifester sa sympathie que bougonner des reproches dans son coin. Pour commencer, concentrez-vous sur deux personnes qui vous intéressent, qui vous sont familières, et mobilisez votre énergie sur cet objectif, sans vous dire que vous allez devenir ami(e) avec la terre entière...

Évitez de raconter des bobards

Quand on n'est pas sûr de soi, que l'on ne s'aime pas beaucoup, la tentation est grande de raconter des mensonges sur soi, de dorer son blason, de peur de ne pas être apprécié pour ce que l'on est. Ce n'est pas une bonne idée. Si on escroque la confiance qui est en train de naître, l'autre, qui ne manquera pas de découvrir nos mensonges un jour ou l'autre, se sentira trahi.

Il est inutile d'être aimé pour ce que l'on n'est pas.

Soyez-en sûr, on peut être intéressant avec ses fragilités. Essayez la sincérité, vous vous rendrez compte que vous n'en êtes pas moins aimé.

Restez cohérent

Il y a des gens pleins de défauts qui ont plein d'amis !

Ne jetez pas un masque sur certains aspects de votre personnalité, au risque de paraître incohérent aux autres. Mieux vaut afficher ses défauts, nul n'est parfait. En dissimulant une partie de ce que vous êtes, vous apparaissez comme fait de bric et de broc. On préfère avoir un ami que l'on comprend plutôt qu'un individu qui nous semble bizarre et dont on va se méfier. L'expression « je ne le sens pas » résume bien l'impression que donnent les personnes insaisissables. Prenez le bougon : on sait qu'il va passer sa journée à râler, à faire la tête, c'est sans surprise. Dites-vous bien que vous ne pouvez pas plaire à tout le monde et que vous n'êtes sûrement pas le seul à avoir telle ou telle personnalité. Dans la vie, il y a de la place pour tout le monde et le bougon, eh bien, on l'aime aussi pour ses coups de gueule !

Soignez votre look

Une tenue négligée, un air renfrogné, une haleine trop forte, une attitude en retrait... autant de facteurs qui n'incitent pas à aller vers vous. La première impression est très importante dans une rencontre. Si vous donnez le sentiment de n'avoir aucune considération pour vous-même, il sera difficile d'en demander en retour. Il ne s'agit pas de vous transformer en gravure de mode, mais d'être propre et soigné. C'est peut-être le moment de changer un peu votre look en demandant conseil autour de vous ? Votre façon de vous habiller en dit beaucoup sur vous.

Réfléchissez à l'image que vous avez envie de donner aux autres.

Intéressez-vous aux autres

On se fait toujours plus d'amis en s'intéressant aux autres qu'en attendant qu'ils s'intéressent à nous.

Vous aimez les compliments ? Vous aimez qu'on se souvienne de votre date d'anniversaire ? Vous détestez qu'on oublie votre prénom ? Les autres aussi ! Rien ne fait plus plaisir qu'une remarque gentille sur une tenue, une coiffure. Il ne s'agit pas de faire des compliments que vous ne pensez pas, mais de repérer ce qui vous plaît chez quelqu'un et de le lui dire, ce qui n'est pas du tout la même chose. Notez encore les traits saillants de chacun : cette jeune femme porte toujours de belles bagues, remarquez-le. Ce monsieur ne vous a-t-il pas dit un jour qu'il adorait le jazz ? Souvenez-vous-en...

Écoutez les arguments de votre interlocuteur

Quelqu'un tient des propos qui vous semblent erronés ? Avant d'assener : « Je ne suis pas du tout d'accord avec vous », écoutez-le jusqu'au bout. Essayez de vous concentrer sur ce qu'il dit et non sur ce que vous allez lui répondre. Il est toujours préférable de laisser quelqu'un exposer son point de vue avant de marquer son désaccord. D'ailleurs, vous noterez qu'on a souvent plus de points communs que de points de divergence avec les autres, mais que nous nous focalisons plus volontiers sur ces derniers !

Apprenez à discuter sans vous disputer.

Défendez votre point de vue

Vous ne devez pas pour autant renoncer à défendre votre point de vue. Tout est dans la façon et le moment de le faire. On peut s'affirmer sans agressivité. Nous sommes attirés par des personnes qui ont des désirs, et être l'ami de quelqu'un n'implique pas d'être d'accord avec lui sur tous les sujets. Enrichissez l'échange avec vos idées et votre originalité !

Diversifiez vos rencontres

Fréquenter une personne de cinquante ans quand on en a trente, ou de vingt lorsqu'on en a quarante, peut se révéler intéressant.

Il est parfois plus facile de se lier avec des plus jeunes ou des plus vieux que soi, ou encore avec quelqu'un de l'autre sexe – et pourquoi pas, même, d'une autre opinion politique que la vôtre, d'un autre milieu... Paradoxalement, aller vers des personnes qui ne nous ressemblent pas est quelquefois plus simple. C'est en tout cas faire preuve d'une belle ouverture d'esprit, qualité indispensable pour la rencontre !

Rattrapez le temps perdu

Repérez les personnes qui savent se faire des amis, observez-les et inspirez-vous de leur attitude. La plupart du temps, cette faculté nous vient de notre milieu familial. Si tel n'a pas été le cas, si on ne nous a pas délivré le mode d'emploi quand on était petit, rien n'est perdu pour autant : on peut progresser et rattraper le temps perdu !

Pas de fausses excuses !

Nez tordu, kilos en trop… autant de raisons, pense-t-on, d'être rejeté. L'inhibition remonte souvent à des moqueries entendues dans l'enfance, mais qui restent gravées dans le cœur, même si on n'est plus la « Bouboule » de la récré depuis longtemps ! Là encore, on constate que ceux qui ont des amis ne sont pas les plus beaux. Ne prenez pas prétexte d'un défaut pour rester en retrait. D'ailleurs, est-ce vraiment lui qui en est la cause ? Il cache peut-être une timidité et c'est contre elle qu'il faut lutter dans un premier temps. Une fois que vous l'aurez surmontée, vous vous ferez refaire le nez, vous perdrez vos kilos en trop, ou bien vous les supporterez mieux !

Soirées, mode d'emploi

Soyons francs : la soirée mondaine n'est pas le meilleur endroit pour se faire des amis. Mieux vaut privilégier des contextes plus intimes où l'on peut être soi-même. En revanche, c'est un excellent terrain pour exercer son art de la rencontre ! Souvent, on critique la soirée parce qu'on a du mal à s'intégrer... L'ambiance est forcément artificielle, un peu guindée, et la plupart des invités y jouent un personnage. Peut-être avez-vous du mal avec ce jeu social parce que vous placez la barre trop haut ? Et si vous essayiez d'être plus léger la prochaine fois que vous serez invité ? Les codes de communication sont variables d'un endroit à un autre et il faut les accepter. Si vous rencontrez quelqu'un qui vous intéresse, vous pourrez toujours vous revoir par la suite en échangeant vos coordonnées. Allez, courage, faites l'effort de parler à des inconnus plutôt que de vous accrocher à la seule personne que vous connaissez déjà, avant de vous éclipser avec une fausse excuse, ou de rester collé au buffet, sauf si vous profitez de ce coude à coude pour lier connaissance en offrant toast et verre de champagne à votre voisin !

Ne soyez pas dans le tout ou rien.

Dépassez la peur d'être rejeté

Franchement, dans la vie, il y a des expériences plus dures que de tomber sur une personne peu sympathique. On s'en fait une montagne mais, au pire, que peut-il se passer ? La personne tourne la tête et il n'y a pas mort d'homme ! D'autant qu'il est quand même rare de se faire envoyer sur les roses lorsqu'on s'adresse gentiment à quelqu'un. Et si tel est le cas, c'est que cette personne n'est pas très intéressante, ni adaptée socialement. Rationalisez vos peurs infondées et imaginaires : aller vers un inconnu comporte une prise de risque mais pas de danger véritable...

Rappelez-vous que votre ami le plus intime a d'abord été un inconnu !

Ridicule ?

Pourquoi hésitons-nous ? Souvent, c'est la peur du ridicule qui nous paralyse. Il y a donc un petit travail à faire sur soi pour voir d'où vient ce sentiment de ridicule que l'on éprouve pour des choses insignifiantes. On trouvera probablement en écho des souvenirs humiliants remontant à l'école, à la vie de famille... La peur de mal faire, d'être pris en défaut, la volonté de cacher nos faiblesses aux yeux du monde nous bloquent. Pourtant, quand on se montre sincère, on n'est jamais ridicule. Et si on vous trouve ridicule quand même ? C'est que personne dans l'assemblée ne mérite votre intérêt ! Passez votre chemin...

Faites taire les craintes de votre maman

« On ne parle pas à des inconnus », « On ne parle pas de soi. » Ces petites phrases raisonnent encore dans votre tête, parfois à votre insu. Il serait temps de dépasser les préceptes de votre maman et de prendre vos distances avec les craintes inculquées durant l'enfance. Certaines mères ont tellement peur que leurs enfants s'éloignent d'elles qu'elles créent un climat d'insécurité hors du cercle familial, du cocon de la maison. Parvenus à l'âge d'adulte, ces mêmes enfants se rendent compte qu'ils ont été programmés pour se méfier de l'étranger.

Réservé ou froid ?

La réserve peut passer pour de l'arrogance, qui est un véritable facteur d'éloignement. Vous pensez que vous êtes respectueux ? Seulement voilà, les autres vous trouvent froid... Il est temps de vous interroger : « Quelle image mon comportement produit-il ? » « Comment les gens me perçoivent-ils ? » Vous ne vous voyez peut-être pas comme vous êtes et vous avez probablement du mal à vous mettre à la place de l'autre. D'ailleurs, posez-vous cette question : seriez-vous ami avec vous ? Si vous vous rencontriez, iriez-vous vers vous ? C'est un excellent indicateur !

Ne confondez pas politesse et hypocrisie

Essayez de ne pas assener votre point de vue de façon trop brutale. Tout se passe peut-être comme si vous deviez fournir un tel effort pour entrer dans une conversation que vous lâchez tout à trac ce que vous avez à dire. Pour résumer, vous avez du mal avec la nuance, du mal à mettre des formes, qui vous semblent n'être qu'hypocrisie... Pourtant, prendre des gants permet de faire passer ce que vous avez à dire, alors qu'un ton trop direct ferme la discussion et indispose votre interlocuteur. Souvenez-vous du Misanthrope de Molière : s'il se drape dans sa dignité, c'est parce qu'il est incapable de faire autrement ! La sincérité est parfois peu respectueuse et coupe l'échange.

Faire la part des choses : mettre les formes n'est pas être hypocrite.

Relancez la conversation

Le premier échange est souvent décisif pour la poursuite de la conversation. Préférez les questions ouvertes, en prenant garde de ne pas poser de questions trop intimes ou trop personnelles dans un premier temps. Un exemple ? « Où avez-vous passé vos vacances ? » a plus de chances d'amorcer un échange que la question « Les vacances étaient bonnes ? » qui risque de se solder par un simple « oui » ou « non ». De même, quand vous revoyez quelqu'un après une période d'interruption un peu longue, évitez la formule « Quoi de neuf ? » qui met l'interlocuteur mal à l'aise : il a le plus souvent l'impression qu'il ne lui est rien arrivé de bien intéressant depuis la dernière fois que vous vous êtes vus… Commencez plutôt par dire quelque chose sur vous et posez en retour la même question.

Trouvez la bonne distance : parlez à l'autre, sans être trop intrusif ; parler de vous, sans être trop exhibitionniste…

Monsieur… ?

Retenez le nom des gens que l'on vous présente. Vous ne vous en souvenez plus ? N'hésitez pas à le leur demander plutôt que de passer toute la conversation à vous dire :

« Mais comment il s'appelle, bon sang ? » car, du coup, vous n'écoutez pas ce qu'il dit pendant ce temps. Lorsqu'on se fixe sur un détail, on n'est plus dans le laisser-aller nécessaire à l'échange.

N'ayez pas peur des silences

Certains prennent la parole et ne la lâchent plus : ils ont un problème avec le démarreur, puis avec le frein...

Par crainte de laisser retomber la conversation, vous pouvez être tenté d'enchaîner les questions en rafales, sans même attendre de réponses. Vous avez tellement peur d'être débarqué du manège que vous ne voulez plus en descendre ! Résultat : vous mobilisez l'attention, certes, mais, sans vous en rendre compte, vous lassez votre auditoire. Ainsi, dès que vous vous approchez, on vous fuit ! Laisser quelques blancs dans la conversation permet à votre interlocuteur de s'intéresser aussi à vous. Laissez-lui une chance de pouvoir vous poser en retour quelques questions sur vous ! La parole est une des premières choses que l'on partage avec un inconnu. Ne vous montrez pas d'emblée peu partageux.

Rassurez-vous !

Mais non, ces collègues qui ricanent ne parlent pas forcément de vous... Quand on est mal à l'aise, on a tendance à penser que tous les regards convergent sur soi, ce qui est un peu prétentieux, vous ne trouvez pas ? Le manque de confiance en soi se transforme alors en égocentrisme. Tout ne dépend pas toujours de vous et cette personne qui a baissé la tête en vous voyant, c'est peut-être tout simplement parce qu'elle est encore plus timide que vous !

Vous n'êtes pas au centre du monde, mais vous n'êtes pas insignifiant pour autant.

Les attitudes qui fâchent

Vous voulez qu'on ait envie de discuter avec vous ? Jugulez vos mauvais penchants en faisant taire :

- le fanfaron qui sommeille en vous... Vous avez tout le temps de parler de vous, de vos succès, ne commencez pas une discussion par là, écoutez d'abord ce que les autres ont à vous dire ;

- la Cosette qui pleurniche sur son sort : évitez de raconter que vous êtes à découvert, que votre jules vient de vous quitter. Si vous voulez vous plaindre, apitoyez-vous aussi sur les ennuis de l'autre !

- le rabat-joie qui râle sans arrêt : il pleut tous les jours, ça va mal dans notre pays... Tout le monde n'a pas le talent de Jean-Pierre Bacri pour transformer en art ses jérémiades. Vous, vous risquez juste de lasser.

- le monsieur Je-sais-tout : ne soyez pas comme ces enfants qui lèvent le doigt sans arrêt en classe, sinon vous resterez isolé au moment de la récré ! Rien de plus agaçant pour les autres que de se sentir ignares.

- la dame Moi-aussi : écoutez les histoires qu'on vous raconte jusqu'au bout, même si elles ne vous passionnent pas, ou qu'elles vous rappellent un épisode de la vôtre. S'intéresser aux autres, on a dit !

Ne suivez pas à la lettre toutes les recettes !

Tous les manuels vous le diront, certaines postures et mimiques sont à privilégier pour mettre son interlocuteur dans une disposition favorable : il faut hocher la tête quand on est d'accord avec lui, se tenir le buste en avant et non dans une attitude de recul qui marque le retrait ou la fermeture... Tout cela est exact, mais on ne peut pas passer son temps à observer des techniques de communication. La thérapie comportementale engage à ne pas lâcher des yeux son interlocuteur – on est tellement concentré, les yeux écarquillés, que l'autre se demande si on l'écoute vraiment !

Soyez naturel, sans vous laisser aller.

Restez vous-même

Partez de ce que vous êtes et ajoutez des éléments à votre personnalité plutôt que d'en retirer.

Si vous avez besoin de vous fixer sur un objectif pour arriver à parler aux autres, pourquoi ne pas utiliser ces techniques de communication ? Elles ont l'avantage de mettre les autres dans de bonnes dispositions et l'on espère très vite que la relation prendra le pas sur la technique. N'essayez pas de les appliquer toutes, allez-y progressivement. Si vous êtes très timide, il y a peu de chances pour que vous arriviez en un jour à sourire, à aborder un inconnu, à inviter vos voisins de palier. Procédez par étapes, visez un objectif à la fois, puis deux. Ensuite, quand vous vous sentirez plus à l'aise, oubliez-les : ce qui permet la rencontre, c'est quand même la spontanéité dans les relations ! Une fois le contact établi, soyez vous-même, sinon vous prenez le risque de vous ennuyer profondément en devenant un robot de la communication.

Chapitre 3
Des amis au bout du clic

La toile offre un grand nombre de sites de rencontres amicales, dont le célèbre Facebook, le réseau social le plus en vogue actuellement. Mais Internet est-il vraiment le lieu pour se faire des amis ? S'il peut être une étape transitoire, une façon de garder des contacts ou d'en renouer, il est rarement un moyen de tisser de véritables liens.

Facebook : un million d'amis potentiels

Connaissez-vous le principe de Facebook ? Le phénomène a pris une telle ampleur que nous avons décidé d'y consacrer un chapitre. De quoi s'agit-il ? Au départ, d'un simple service en ligne destiné aux étudiants américains, mais qui, avec plus de 50 millions d'internautes inscrits dans le monde et un million en France, est devenu le site de partage, de liens virtuels quasi incontournable. On y échange entre amis ou connaissances de la musique, des vidéos, on s'y regroupe par affinités : si vous inscrivez sur votre fiche que vous adorez la pétanque lyonnaise ou la chanson italienne, vous serez automatiquement présenté aux internautes qui partagent la même passion que vous. Le site est encore un excellent moyen pour retrouver des amis d'antan, sur le même principe que « Copains d'avant », la gratuité en plus.

Comment entrer au club ?

Rien de plus facile ! Il existe deux façons d'entrer dans la grande famille Facebook, qui expliquent en partie les chiffres impressionnants d'inscrits. Ou bien vous recevez une invitation par mail pour venir rendre visite à la fiche d'un « ami » et vous pouvez accepter ou refuser. Si vous êtes d'accord, il vous faudra créer votre propre fiche pour y avoir accès : vous voilà inscrit ! Ou bien vous vous rendez sur le site tout seul et remplissez une fiche de renseignements avec votre nom, votre photo, vos goûts personnels. Puis vous solliciterez les personnes de votre carnet d'adresses qui, à leur tour, recevront un message d'invitation auquel elles auront le choix de répondre par oui ou par non... Jusque-là, tout va bien.

Tu veux bien être mon ami ?

Le but du jeu étant d'élargir son réseau, il est conseillé de visiter des fiches de parfaits inconnus et, si leur profil vous plaît, de leur envoyer des clins d'œil pour entrer en relation avec eux. Les amis de mes amis sont mes amis... les inconnus aussi ! Au bout du compte, cela fait du monde, mais peut-on parler d'amitié ? L'illusion serait de croire que la valeur vient de la quantité plus que de la qualité du lien. Il y a un côté consumériste dans cette attitude : on se fait des amis comme on fait son marché... On peut même, sur certains sites, s'acheter virtuellement des amis !

Quelques atouts incontestables...

Les réseaux amicaux ont de réelles qualités, tant qu'on ne s'en tient pas uniquement à ce mode de relations, qu'on ne reste pas caché derrière son écran pour éviter la rencontre.

On reste en contact

Nos modes de vie ne laissent pas beaucoup de place à l'amitié. Grâce à notre réseau, nous gardons le contact avec des amis proches comme avec des amis plus éloignés, que nous retrouverons avec plaisir sans avoir l'impression de nous être vraiment quittés. Malgré les déménagements, les mutations, on conserve des liens. On peut aussi s'en servir pour lancer des invitations d'anniversaire, dire ce que l'on va faire le week-end, donner des informations sur une soirée...

On se regroupe

Facebook est un formidable réseau de partage des passions. Il existe une véritable complicité sur le site entre les internautes qui se soutiennent, s'envoient des informations sur leur passion commune, se donnent des tuyaux pour voyager, acquérir un djembé ou trouver un livre rare.

C'est un premier pas

Cela permet à ceux qui ont des difficultés pour rencontrer des gens, aux vrais timides, d'y aller progressivement, d'éviter le face-à-face dans un premier temps. Ces contacts les obligent à sortir de leur bulle, même s'ils ne sortent pas de chez eux, car s'il ne s'agit pas d'amitié, on y retrouve quand même les sensations, l'émotion qu'accompagne l'échange, même virtuel. Cela étant, comme l'amitié a besoin de contacts, d'activités partagées pour se nourrir, ces relations par écran interposé devront déboucher par la suite sur de vraies rencontres, d'où l'intérêt de dialoguer avec des personnes proches géographiquement.

Une nouvelle forme de liens

C'est indéniable, ces liens sur Internet sont une nouvelle forme de sociabilité : on peut avoir des amis en chair et en os et des amis virtuels que l'on n'a jamais vus de sa vie mais avec lesquels on a de nombreux échanges. C'est une sorte d'entre-deux qui peut être intéressant et riche. Le seul vrai risque, c'est de s'en contenter et de ne plus prendre la peine de voir ses amis. Une étude américaine montre que le nombre de liens « forts » peut être entretenu, mais pas augmenté par les technologies de communication, à l'inverse des liens « faibles » qui, eux, sont en constante augmentation.

… mais attention !

Le principe est attirant, mais il réserve quelques mauvaises surprises, dont il vaut mieux être averti… Les amis virtuels sont-ils de vrais amis ?

Fichés, répertoriés

Imaginez qu'on vous propose de vous répertorier dans un grand fichier selon vos goûts, votre sexe, vos opinions politiques, vos préférences sexuelles ou musicales, le tout pour pouvoir mieux cibler ce que l'on a à vous vendre. Il y a des chances pour que vous hurliez à la manipulation ! Eh bien, c'est exactement ce qui se passe sur Facebook. Bien sûr, vous n'êtes pas obligé de répondre a toutes ces questions, mais il est difficile de se présenter sans rien dire de soi. Prenez garde à ne pas livrer d'informations que vous pourriez regretter car tout le monde y a accès, vos amis comme vos collègues de travail. Gérez bien ce que vous voulez voir apparaître à l'écran, tout en sachant que ce que vous masquez restera au final accessible au propriétaire du site, car toute donnée inscrite est indélébile.

Et ciblés !

Sachez encore que, non contents de prendre connaissance de votre profil, les publicitaires épient vos échanges de vidéos, vos transferts de fichiers : ils connaissent ainsi vos petites habitudes et pourront désormais vous proposer un voyage à Cuba parce que vous avez commandé un album de *Buena Vista Social Club*, ou à New York car vous avez acquis l'intégrale des films de Woody Allen… Une vraie mine pour tous les commerçants du monde. Plus ennuyeux encore : votre futur employeur pourrait avoir accès à vos opinions politiques, votre orientation sexuelle, tout comme les personnes qui nous gouvernent. Inquiétant, non ? Une loi de protection devrait voir le jour prochainement pour mettre un peu d'ordre dans ces pratiques.

Le casting de l'amitié

La fiche étant censée résumer votre personnalité, elle doit être la plus attractive possible. Facebook ressemble ainsi au book que l'on propose dans les castings pour aller se vendre. On n'y rencontre que des gens formidables, drôles et généreux, puisqu'il ne s'agit pas de dire des choses sincères sur soi mais d'attirer l'attention. La tentation de la surenchère est vite là et il y a de la compétition dans l'air… Et puis, même si nous voulions jouer le jeu de la sincérité, sommes-nous les plus objectifs pour nous décrire tels que nous sommes réellement ?

Vous vous inscrivez sur le site ? Essayez d'être le plus sincère, avec vos défauts, vos qualités, comme dans la vraie vie, quoi !

Des rejets violents… mais parfois nécessaires

Quand on invite quelqu'un sur son site, on prend le risque d'être ignoré, pire rejeté ! Il n'est pas facile de recevoir un tel message : « Non, je refuse d'être ton ami. » Dans la vraie vie, on ne se verrait pas et puis c'est tout !

À l'inverse, accepter tout le monde comme ami expose à des déconvenues, comme ce représentant qui a convié un chef de rayon avec lequel il travaillait, lequel a eu droit à toutes les blagues douteuses envoyées par les collègues sur les responsables de supermarché... Même s'il est toujours flatteur d'élargir son cercle, restez vigilant.

Retrouvailles ?

On l'a vu, le site est aussi un formidable outil pour retrouver le copain avec qui vous faisiez les quatre cents coups au catéchisme, ou la petite blonde qui vous faisait fantasmer au collège. Une fois le contact pris, voire un rendez-vous, pour compter les rides et les cheveux blancs de chacun, que se passe-t-il ? On échange sur les fous rires de potache, on parle de deux ou trois copains perdus de vue et puis, et puis... on se rend compte qu'on n'a pas grand-chose à se dire et que ce n'est pas si étonnant qu'on se soit perdus de vue !

Pas le temps, vraiment ?

On manque de temps pour entretenir nos relations amicales et l'on semble ne pas en manquer pour passer des heures derrière l'écran ! Pourquoi préférer chatter tout seul dans son bureau ou sa chambre plutôt que prendre un verre au bistrot du coin ? Pendant que j'envoie un message à des centaines d'« amis », je néglige d'appeler ma meilleure amie…

Peu d'engagement

L'amitié demande un certain engagement. Sur Facebook, à tout moment, on peut couper la communication : seul quand on veut, ensemble quand on le décide ! On ne prend pas le risque de s'ennuyer, de ne pas trouver de sujets de conversation, d'avoir à écouter l'autre. Tous les petits désagréments qui sont le lot de l'amitié dans la vraie vie sont gommés. C'est un lien qui reste à la surface et même, on peut le dire, dans un certain évitement. On fuit la contrainte, on prend, sans donner beaucoup, bref, on garde le sentiment d'être proche tout en restant libre de tout lien. Seulement voilà, l'amitié, ce n'est pas uniquement envoyer un morceau de musique à quelqu'un, c'est aussi partager ses soucis, lui venir en aide en cas de besoin. Parmi les centaines d'amis que vous comptez sur Facebook, lequel traverserait tout Paris pour vous faire vos courses si vous vous cassiez la jambe ? La question vaut la peine d'être posée…

Un manque d'ouverture

Se regrouper par affinités, c'est bien, si ce n'est pas exclusif. L'amitié est une belle occasion de s'enrichir au contact de personnes différentes, de tenter des expériences que l'on ne tenterait pas seul, de se laisser surprendre par l'autre. Or, à n'échanger qu'avec des gens qui ont les mêmes goûts que les nôtres, on perd un des intérêts de l'amitié, qui est de nous faire évoluer. Le risque est que le monde se rétrécisse à vue d'œil et que l'on ne fréquente plus que des passionnés de foot ou du point de croix...

Et moi, et moi, et moi

Facebook peut nourrir un besoin de communiquer, de parler de soi. Le problème, c'est que chacun aimerait se contenter d'un seul sujet passionnant – lui ! – et n'a pas trop envie d'écouter les autres. Sur Internet, on n'a accès qu'à des petits bouts d'individu, dont on peut de surcroît se débarrasser d'un simple clic, sans devoir rendre de comptes à personne. C'est la loi du « c'est moi qui décide ».

Des confidences aux quatre vents

Une amitié se nourrit de confidences. Or tout ce que vous mettez sur le site pourra être lu, vu, entendu. Alors, comment entretenir des relations plus intimes ? Quand on nous confie quelque chose sur le site, on n'a pas le sentiment d'avoir été choisi comme interlocuteur privilégié. Dommage, non ?

La collectionnite

Il est tentant de se sentir l'ami de la terre entière, encore plus d'être l'ami de Brad Pitt ou de Madonna. Sur Facebook, c'est possible, enfin dans une certaine mesure ! Autrefois, on appelait cela « rejoindre le club de fans ». Il se crée une illusion d'être ami avec des gens qu'il serait impossible de rencontrer dans la vie : n'est-ce pas ce que vous faisiez quand vous aviez dix ans en vous inscrivant au club Dorothée ? De plus, ce n'est pas parce que vous recevez un mail de Brad Pitt qu'il émane de son site : sachez qu'il existe au bas mot plus de cinquante sites à son nom ! De quoi revenir sur terre...

Chapitre 4

Chouchoutez vos amitiés !

**L'amitié n'est jamais acquise,
elle est vivante, mouvante. Pour qu'elle dure, il faut l'entretenir comme une fleur fragile (pour les romantiques)
ou comme un muscle (pour les sportifs).**

Prenez des initiatives

En amitié, on fait souvent l'erreur de se reposer sur ses lauriers : l'ami peut bien comprendre qu'on est indisponible, de mauvaise humeur, puisque c'est un ami. Eh bien, non. Il ne s'agit pas de tout organiser, de tout contrôler, mais d'être à l'initiative de bons moments, de mettre le démarreur pour pousser le bateau vers l'eau.

Ensuite, vogue le bateau de l'amitié, avec son cortège de surprises...

Habillez-vous de bonne humeur

Se voir entre amis est un cadeau mutuel que l'on s'offre.

Vous avez rendez-vous avec un ami ? Soignez votre mise, faites-vous beau ! Deux avantages à ce soin apporté à votre tenue : c'est une attention que vous portez à votre ami en vous montrant sous votre meilleur jour et c'est une façon pour vous aussi d'être de bonne humeur, car l'extérieur rejaillit sur l'intérieur ! Soignez également le lieu de votre rendez-vous et préférez un bel endroit au café bruyant en bas de chez vous, même s'il faut marcher dix minutes. Tous ces éléments participent au bonheur de se voir.

Soignez la conversation

Le piège, dans l'amitié au long cours, est de se contenter des mêmes sujets : on dit du mal d'un tel, on se plaint du boulot, on se demande des nouvelles des enfants et le rendez-vous est déjà fini. Essayez de ne pas toujours rester à la surface des choses, de parler vraiment de vous, de ce qui vous tient à cœur : vous constaterez que la rencontre prendra une autre tonalité. Quand on se connaît bien, on a tendance à se mettre en pilotage automatique et c'est cette pente qu'il faut casser. Hiérarchisez les thèmes de vos discussions : on ne dit pas la même chose à ses collègues et à son ami. Un exemple ? On ennuie les premiers avec notre fuite d'eau dans la baignoire, mais on réserve au second nos inquiétudes sur notre couple, nos interrogations sur notre travail.

Changez vos habitudes, brisez les réflexes relationnels.

Faites plaisir à votre ami

Cela ne signifie pas qu'il faille toujours débattre de sujets sérieux entre amis. On peut se lâcher, dire des bêtises, et aussi avoir des attentions particulières dans le choix des sujets abordés. Votre ami est passionné de foot ? C'est une marque d'amitié envers lui que de parler de la rencontre entre le Paris-Saint-Germain et l'Olympique de Marseille. On espère qu'il aura la délicatesse à son tour de lancer le débat sur les différences d'interprétation du *Don Juan* de Mozart... Autorisez-vous aussi des sujets inédits, sinon, on a tendance à radoter !

Privilégiez toujours vos amis

Faites de vos amis la priorité haute !

Vous recevez une foule de mails par jour ? Vous avez des rendez-vous qui s'enchaînent ? Pourtant, essayez de répondre en priorité à vos amis. L'erreur serait d'en faire la dernière roue du carrosse, sous prétexte que, étant votre ami, il comprendra. Naturellement, on peut être rapide, promettre que l'on se rappellera plus longuement le soir ou le week-end ; mais on ne laisse pas un message amical sonner dans le vide. L'ami passe devant les obligations, sinon on se fait une vie de contraintes. Laissons-les à leur juste place, derrière l'amitié.

Intégrez votre ami dans votre emploi du temps

Le temps donné aux amis, rien de plus précieux comme cadeau ! Pourtant, rien de plus difficile à trouver quand on travaille, quand on a une famille. L'astuce ? Ne pas se contenter de se voir en face à face, mais créer d'autres liens pour multiplier les occasions de se retrouver. On l'a déjà évoqué, nommer parrain et marraine de ses enfants ses amis proches est une excellente façon de les intégrer à notre vie de famille. Autre piste : et si vos enfants respectifs devenaient amis ? Présentez-les. S'ils s'entendent, vous pourrez réunir tout le monde le dimanche et passer du temps avec toutes les personnes qui vous sont chères. Ces liens supplémentaires sont comme une clairière qui protège l'amitié. En effet, l'amitié connaît des moments plus ou moins intenses : quand il y aura des baisses de régime, tous ces liens formeront un cadre qui empêchera l'amitié de se déliter, en attendant le retour de flamme du sentiment.

Développez d'autres terrains d'entente

Vous militez dans une association ? En avez-vous parlé à votre ami ? Peut-être serait-il ravi de vous y rejoindre. Vous développerez des liens différents en œuvrant pour une cause commune, tout en ayant la possibilité de vous voir plus souvent. Et si vous montiez un projet ensemble ? Un livre, un voyage, l'achat d'un lopin de terre à cultiver... Autant d'occasions de se rencontrer et de resserrer les liens.

Mélangez vos amis !

On a tendance à cloisonner ses amitiés, c'est bien dommage. L'adage « Les amis de mes amis sont mes amis » ne se vérifie pas systématiquement, mais cela vaut la peine d'essayer. Prenez le risque de mélanger vos amis. Ils ne s'entendent pas ? Eh bien, ce n'est pas très grave, ils ne se verront plus. Dites-vous que vous n'êtes pas responsable des relations qu'ils pourraient éventuellement avoir ensemble.

Prenez l'exemple des enfants de six à dix ans, ces champions de l'amitié qui ne s'embarrassent pas avec les frontières et se moquent bien des conflits dans leur bande de copains. Ils s'entendent ? Ce n'est pas le moment d'être jaloux mais de vous réjouir. Vous vous verrez tous plus souvent !

Ne faites pas de votre ami un îlot coupé du continent de votre vie.

Protégez vos amis

On dit du mal d'un de vos amis en votre présence ? Montez au créneau pour le défendre. Ils ont raison ? Votre ami n'écoute pas, il est un peu dilettante, coléreux ? Peut-être, mais c'est votre ami. Il mérite un peu de partialité de votre part, quitte ensuite à lui faire passer le message en douceur. Mais ne laissez jamais un de vos amis se faire assassiner devant vous, sinon, peut-on encore parler d'amitié ? Quand votre ami se jette du pont, n'est-ce pas vous qui êtes en bas pour le rattraper ? Si vous préférez garder le silence, ce ne sera pas un silence de

Restez complice de vos amis. Toujours, en toutes circonstances.

complaisance, mais une façon de savoir ce que certaines personnes disent de votre ami dans son dos, ce qui vous permettra de l'informer en temps voulu… et en termes choisis.

Prenez des nouvelles régulièrement

L'amitié nécessite de la régularité car le lien a besoin de s'accrocher à un socle solide pour se développer. Vous n'avez pas trop de temps en ce moment ? Un coup de téléphone, un mail, un petit coucou par texto permettent de maintenir le fil. On a le réflexe de contacter un ami pour dire quelque chose qu'on a sur le cœur, plutôt que pour partager un coup de cœur. Et si on inversait ? À la fin d'une conversation, essayez de vous souvenir des propos tenus par votre ami. Vous ne vous souvenez de rien ? Alors, c'est peut-être que vous n'avez parlé que de vous. Rappelez-le…

Rencontrez-vous !

Les liens à distance ne suffisent pas, on l'a vu au chapitre sur les amis virtuels. L'amitié a besoin de rencontres en chair et en os, elle a besoin de vécu. Comme en amour, il se passe quelque chose dans le face-à-face, des regards, des échanges tactiles, de l'émotion. Il faut se forcer parfois pour se voir, mais ensuite, la plupart du temps, on est tout content d'avoir adopté cette attitude volontariste. C'est comme d'aller se promener en forêt ou faire du sport, les premiers pas coûtent mais le résultat est souvent à la hauteur de l'effort. Généralement, entre amis, on ne se voit pas vieillir parce qu'on se rencontre régulièrement. Si vous trouvez lors de votre prochain rendez-vous que votre ami a pris un sacré coup de vieux, c'est que vous ne le voyez pas assez souvent !

L'ami est un miroir. Quand on ne se reconnaît plus dans le reflet, c'est que le lien est en train de se briser.

Pas de formalités

Il y a longtemps que vous n'avez pas vu vos amis ? L'idée d'organiser un dîner en ce moment vous semble une montagne ? Simplifiez-vous la vie : chacun apporte quelque chose, qui l'entrée, qui le dessert, qui le vin, et à la bonne franquette ! Et dimanche ? Vous organiserez un grand pique-nique dans un parc public : des œufs durs, des chips, des fruits et le tour est joué. Et si vous habitez loin, les amis peuvent rester dormir, on profite mieux les uns des autres...

Oui aux petites attentions

On dit souvent que les cadeaux entretiennent l'amitié, c'est vrai. Pour les anniversaires et Noël, cela va de soi. Mais creusez-vous aussi les méninges pour faire plaisir à vos amis entre ces dates phares. Cela peut être la bande originale d'un film dont il a parlé avec enthousiasme, une écharpe de la couleur de ses boucles d'oreilles... Un cadeau, ce n'est pas forcément un achat : un gâteau fait maison, un article dans une revue sur un sujet qui le passionne, une vidéo sur Internet sont autant de façons de lancer des petits signes d'amitié tout au long de l'année. Le mail permet ces mille et une petites attentions à l'autre. De temps en temps, faites un cadeau de prix à votre ami pour son anniversaire plutôt qu'un énième polo à l'effigie d'un groupe musical. C'était une bonne idée la première fois, mais maintenant qu'il a la collection complète, c'est encore une meilleure idée de bousculer les échanges !

Soyez tolérant… mais exigeant !

Des petites faiblesses, qui n'en a pas ? Dans certaines amitiés, il ne peut y avoir aucune marge d'égarement, de faiblesse, d'agressivité, de petitesse. Au moment de juger sévèrement un ami, posez-vous la question : êtes-vous de votre côté toujours irréprochable ? Non ? Alors, soyez indulgent… Acceptez que votre ami ait

Ne vous présentez jamais comme un paillasson sur lequel on peut s'essuyer les pieds...

plusieurs facettes, qu'il ne soit pas identique lorsqu'il est en présence d'autres amis ou d'un membre de sa famille. Avec sa bande de copains avec lesquels il fait de la moto, il n'est peut-être pas le plus malin, mais vous savez, vous qui le connaissez bien, qu'il n'est pas toujours ainsi. En revanche, n'acceptez pas l'inacceptable de la part de vos amis, sous couvert d'amitié ou par crainte de rester seul. Votre ami n'est jamais libre pour vous venir en aide ? Il dit du mal de vous ? Il se réjouit de vos difficultés ? Passez votre chemin, ce n'est pas un ami.

Les confidences réciproques

Confier un événement intime ou important, c'est accorder sa confiance. En faisant une confidence à quelqu'un, vous lui dites implicitement que vous pensez qu'il ne l'utilisera pas à vos dépens. Vous en faites un ami, vous lui conférez ce statut. Certains ne confient jamais rien, vont toujours bien, et la relation s'épuise vite à cause de ce manque de réciprocité. En amitié, il faut accepter de montrer ses faiblesses.

Conseils, mode d'emploi

Vous mourez d'envie de donner des conseils à cette amie qui, à votre avis, est en train de se fourvoyer ? Attention, le conseil est à manier avec discernement !

Imaginez

Avant de formuler votre point de vue, réfléchissez et imaginez ce que votre amie pense ; essayez de vous mettre à sa place. Il est nécessaire de faire cet effort d'imagination. Rien de plus inutile que les conseils assénés sur le ton : « Si j'étais à ta place, si c'était moi... » Justement, vous n'êtes pas à sa place.

« J'ai renoncé à deux amis : l'un parce qu'il ne m'a jamais parlé de lui, l'autre parce qu'il ne m'a jamais parlé de moi », Alain Chamfort.

Accompagnez sa réflexion

Votre ami veut démissionner ? Ne vous précipitez pas pour hurler avec ses collègues : « Tu as raison, plante-les ! » Évaluez l'intérêt de cette décision pour lui et, surtout, aidez-le à prendre lui-même sa décision, en accompagnant sa réflexion : est-ce le bon moment ? Et s'il essayait de changer de poste ? Passez en revue les alternatives, les possibilités qu'il aurait en ce moment au vu du marché de l'emploi dans son secteur. Exercez un deuxième regard sur sa situation, avec comme seule boussole : qu'est-ce qui serait vraiment bon pour lui ? Il prend finalement une décision contraire à celle que vous jugez préférable ? Le conseil n'est pas un ordre… S'il fait autrement, c'est son choix. L'ami doit juste être un miroir qui nous aide à réfléchir.

En amour, prudence !

En amour, les conseils sont plus délicats à donner. Il entre une telle part d'affectif qu'en tant qu'amis nous ne sommes pas toujours les mieux placés ni les plus objectifs. L'amoureux, ce sera du temps en moins pour notre amitié… On ne peut pas éviter cette petite pensée mesquine.

Difficile aussi de savoir quelles sont les attentes de votre ami dans le domaine de l'amour, elles sont peut-être différentes des vôtres. La seule chose à faire est d'intervenir si on sent qu'il est en danger dans une relation toxique pour lui. Dans ce cas, au lieu de conseiller : « Quitte ce fou furieux » qu'il ne serait pas prêt à entendre, confiez à votre ami vos inquiétudes : « Je me fais du souci pour toi... » Vous avez beaucoup plus de chances d'être entendu.

Ne donnez un conseil que lorsqu'on vous le demande.

Vérifiez les niveaux

Comme pour notre voiture, l'amitié nécessite régulièrement une petite révision des niveaux pour vérifier qu'elle tient bien la route ! Vous avez été maladroit ? N'hésitez pas à vous en excuser, à demander pardon, bref, à réparer les accrocs pour que le trou ne s'agrandisse pas.

Naturellement, il ne s'agit pas de se prendre la tête tous les matins en se demandant si notre amitié est solide, mais de régulièrement la réinitialiser, d'installer les mises à jour… Surtout après une absence, où il faut redoubler d'efforts pour que la relation reprenne son cours, peut-être différente, mais toujours vivante !

Chapitre 5
Tempête sur l'amitié

Trahison, jalousie, incompréhension... Passage en revue des ombres qui peuvent planer un jour sur l'amitié et pistes pour surmonter l'épreuve.

Parce que c'était moi, parce que c'était lui...

La formule de Montaigne à propos de son amitié avec La Boétie ne nous a pas rendu service ! Depuis le cours de français de troisième, nous gardons l'idée que l'amitié est un état proche de la perfection qui, non seulement se passe d'explications, mais ne connaît aucun nuage. La réalité est nettement moins rose[1]. Ainsi, Montaigne ne s'est jamais battu pour que son ami soit publié, malgré la demande d'aide de ce dernier. Jalousie ?

Il est certain que toutes les amitiés connaissent des remous, des moments de crise. On peut les surmonter et elles en sortent souvent enrichies. Il ne faut pas craindre les conflits car ils permettent souvent de remettre les pendules à l'heure. Une amitié est comme une fleur : elle ne doit pas rester sous cloche, sinon elle dépérit.

Mon ami a changé

On serait tenté d'écrire *heureusement* ! Refusons l'idée que nous ne changeons pas, c'est une illusion très adolescente. Il faut s'adapter au mouvement, ne pas se crisper, avoir une bonne dose d'écoute et de tolérance. Et si vous

1. Voir Danièle Brun, *La Passion dans l'amitié*, Odile Jacob, 2005.

lui demandiez ce qui se passe ? A-t-il des ennuis en ce moment ? Qu'est-ce qui explique ce changement ? On a toujours intérêt à parler plutôt que de ruminer dans son coin. Si le changement est trop important, que vous réalisez que vous n'avez plus rien à vous dire, il est peut-être temps de mettre un terme à votre relation. Les amitiés n'ont pas pour vocation d'être éternelles. Certaines s'arrêtent, leur durée de vie est limitée. On n'évolue pas toujours dans la même direction, alors on s'éloigne. L'amitié n'est pas une opinion politique et le changement n'est pas une trahison, même si on a un peu de mal à l'accepter, tant l'amitié repose sur la résistance au temps qui passe. D'ailleurs, vous vous retrouverez peut-être un jour ? D'ici une dizaine d'années, vos changements respectifs permettront, qui sait, à vos routes de se croiser à nouveau. Des retrouvailles sont toujours possibles, car ce qui a changé une fois peut encore changer…

La sincérité n'est pas la permanence : on peut être sincère et avoir changé.

Depuis sa promotion, je ne le reconnais plus

C'est une des grandes épreuves de l'amitié. Notre ami nous déçoit, il a pris la grosse tête ! Le statut social modifie la relation et il faut tenter un rééquilibrage. Dans les moments difficiles, essayez de vous rappeler la façon dont vous vous êtes rencontrés : sur quoi s'est fondée votre amitié ? Cela aide à comprendre ce qui n'est plus comme avant. Étudiez la racine du lien. Sa récente promotion bouleverse l'équilibre de votre amitié ? C'est toujours vous qui lui avez prêté de l'argent pour boucler ses fins de mois et il aura bientôt les moyens de vous venir en aide ? Cela vaut le coup d'y réfléchir… Son changement n'est peut-être que provisoire, le temps qu'il s'adapte à sa nouvelle fonction. Soyez le plus sincère possible, dites-lui franchement ce que vous avez sur le cœur. Il sera peut-être tout étonné et rectifiera le tir. Rappelez-vous que l'amitié doit être un garde-fou. Si votre ami s'égare sur la pente de l'orgueil et de la vanité, aidez-le à reprendre sa place. Il sera toujours temps de rompre s'il reste sourd à vos mises en garde.

Mon ami est radin

C'est forcément un défaut qui vous gêne mais il ne vous a pas empêché d'être amis..., ce qui signifie qu'il n'est pas avare dans tous les domaines, sinon, vous n'auriez noué aucune relation avec lui. Certaines personnes sont très angoissées avec l'argent, parce qu'elles en ont manqué durant leur enfance, parce qu'elles ont traversé des périodes de vaches maigres douloureuses. Cela ne les empêche pas d'être généreuses sur bien d'autres plans. Cette amie qui ne vous a jamais offert un café, n'est-ce pas la même qui a passé son après-midi à vous photocopier des documents à son bureau ? Qui fait des efforts pour vous faire rire quand elle sent que vous n'avez pas le moral ? L'erreur serait d'adopter une réaction en miroir à son comportement – bien souvent névrotique et peu accessible au raisonnement – en ne lui offrant rien pour son anniversaire, ou bien un objet de faible prix. En revanche, lorsque vous partez en vacances, instaurez une caisse commune pour que vos relations ne soient pas empoisonnées par des comptes d'apothicaire. Il n'y a aucune raison que vous preniez en charge tous les amis qui ont des problèmes du côté du porte-monnaie.

Mon ami est jaloux de mes succès

En France, on a du mal à se réjouir pour les autres. On tend plus volontiers une oreille attentive aux malheurs qu'au bonheur. Pourquoi ? Parce que cela renvoie chacun à ses difficultés personnelles, qu'on conçoit le bonheur comme un grand gâteau à partager dont on a peur de manquer... Ce n'est pas le cas en Amérique du Nord, avec un sérieux bémol toutefois : la réjouissance y est souvent feinte et plaquée. Les Américains du Nord passent leur vie à vous dire « *Fantastic* ! » dès que vous leur apprenez une bonne nouvelle qui vous concerne, mais cela reste bien souvent artificiel. Votre ami garde le silence quand vous lui racontez vos succès ? Peut-être votre réussite le renvoie-t-elle à un échec. Ou il a peur qu'il vous monte à la tête, que vous changiez… Sera-t-il toujours digne de vous ? Un équilibre est rompu. Par son rejet, il reconnaît la valeur de ce qui vous arrive, même s'il n'a pas la générosité de s'en réjouir sur le moment. À vous de le rassurer : vous êtes toujours son ami.

Celui qui se réjouit du bonheur des autres multiplie le sien.

J'ai l'impression que mon ami me manipule

Cet ami cherche-t-il à vous isoler, à vous faire couper les ponts avec votre famille ? Il vous critique sans arrêt et vous donne le sentiment que vous n'êtes jamais à la hauteur ? Attention, vous êtes peut-être tombé sur un manipulateur ! C'est souvent un charmeur qui vous a rendu service, mais vous le rappelle sans arrêt pour asseoir son emprise et faire que vous vous sentiez redevable. N'avez-vous pas déjà mille et une fois remboursé votre dette ? Il vous fait croire que vous devez être parfait, vous critique sans en avoir l'air... Il n'attaque jamais frontalement, mais abuse des formules : « C'est dommage, tu aurais pu... » Quand vous l'appelez, il répond, l'air crispé : « Eh ben, ça fait longtemps que je ne t'ai pas eu », plutôt que : « Je suis content de t'entendre ! » Bref, le but du jeu, c'est de faire en sorte que vous vous sentiez toujours en faute.

Malheureusement, quand on est seul, on est une proie facile pour ces gens-là. Plus encore si, durant notre enfance, nos parents ont toujours attendu de nous l'impossible, se sont exclamés, devant le carnet de notes : « 19 ? 20 aurait été mieux ! » Nous voilà pris dans les filets du manipulateur. Repérez ce type de personnalité et fuyez-le. Faites-vous aider par un psychothérapeute si vous n'y parvenez pas tout seul. Le manipulateur renforce la mésestime de soi, crée un isolement autour de soi. Pire : il peut aussi nous trahir et, du coup, nous faire perdre toute confiance en l'amitié.

Mon ami se repose trop sur moi, je n'en peux plus

Momentanément, il est normal de se reposer sur un ami, mais la situation ne doit pas s'éterniser. Est-ce que cela signifie que vous ne pouvez jamais compter sur son soutien en retour ? Le lui avez-vous seulement demandé ? Dans un duo d'amis, il se crée des réflexes qui ne sont pas toujours faciles à changer. Vous êtes le solide, il est le faible. Vous êtes celui pour qui tout va toujours bien, il est celui sur lequel les ennuis s'accumulent. Comment rompre le cercle ? En faisant comme si vous aviez aussi besoin de son soutien. Appuyez-vous sur lui, inversez la tendance, même de façon un peu artificielle pour rééquilibrer l'échange. Êtes-vous son seul ami ? Il faudrait peut-être lutter contre son isolement en lui présentant d'autres personnes. Si c'est vraiment trop lourd, n'hésitez pas à le lui dire, même si ce n'est pas facile. Votre mode de relation est peut-être lui aussi en cause. Vous l'avez toujours soutenu, comme vous souteniez vos frères et sœurs quand vous étiez petit, et cette amitié vous permettait de rejouer cette partition bien connue. Quand une relation d'amitié dérape, il est bon de se demander quelle est notre responsabilité. Toujours.

Mon ami m'a trahi

Voilà la plus dure épreuve en amitié, surtout si cela vient faire écho à une trahison plus ancienne et en réactive la souffrance. Quand on n'a pas forcément beaucoup d'amis et qu'on avait tout misé sur cette relation, la chute est encore plus rude.

Quelquefois, on se sent trahi, tout seul dans son coin, parce qu'on en demande trop. La trahison peut être le signe d'une dégradation de la relation, c'est un appel à une mise au point, comme l'infidélité en amour. Peut-être que, nous aussi, nous ne respectons plus les règles de l'amitié, que nous sommes moins disponibles ? C'est le moment d'éclaircir la situation.

Après une trahison, faut-il remonter à cheval ? Pas tout de suite, justement. Il faut reprendre ses forces pour entamer une nouvelle relation, panser ses plaies et analyser ce qui s'est passé, refaire le film à l'envers. Accepter aussi d'exprimer sa tristesse, son chagrin d'amitié, qui est douloureux comme un chagrin d'amour. L'erreur à éviter ? Jeter l'amitié avec la trahison. Ce n'est pas parce qu'une histoire d'amitié s'arrête qu'il n'y a pas eu d'amitié. On ne juge pas une histoire sur sa fin : la vie n'est pas nulle parce qu'elle se termine par la mort ! Ne reniez pas ce que vous avez vécu pendant cinq ans, dix ans. Sinon, vous risquez de vous amputer d'une partie de votre vie. Gardez les bons souvenirs, ne brûlez pas les photos, ne jetez pas les cadeaux. En revanche, n'hésitez pas à exprimer votre ressenti, à écrire des lettres que vous n'enverrez peut-être pas, plutôt que de ressasser.

Si l'amitié est morte, le souvenir ne l'est pas.

L'amitié est un voyage. L'important, c'est la route : ce n'est pas parce que nous avons perdu nos bagages à l'arrivée que nous n'avons pas fait un bon séjour.

Conclusion

Malheureusement pour elle, l'amitié est portée aux nues dans la littérature, mais aussi par notre société actuelle. Cette survalorisation ne nous fait pas que du bien : ceux qui ont du mal à se faire des amis ont le sentiment qu'elle est inaccessible ; ceux qui ont des amis ne supportent pas les écarts et se séparent à la moindre baisse d'intensité.

Pourtant, les relations humaines sont tout sauf figées pour l'éternité ! Elles évoluent, se modifient au cours du temps. Une relation peut devenir une amitié durable, une amitié redevenir une relation amicale, selon les aléas de la vie, les changements de chacun.

Si on veut que l'amitié reste vivante, il faut se montrer souple, sans pour autant être faible et accepter l'insupportable.

Nous espérons que ce livre vous a apporté une certaine sérénité pour vous lancer dans de nouvelles rencontres et pour chouchouter vos amitiés déjà engagées.

Laissons le dernier mot à Georges Brassens, fin connaisseur des relations humaines : « L'amitié n'exige rien en échange, juste de l'entretien. »

Table

Des mêmes auteurs

Parents, osez vous faire obéir !
Albin Michel, 2007

Comment survivre
quand les parents se séparent ?
Albin Michel Jeunesse, 2004

STÉPHANE CLERGET

Guide de l'ado à l'usage des parents
Calmann-Lévy, 2008

Quel âge aurait-il aujourd'hui ?
Le tabou des grossesses interrompues
Fayard, 2008

Comment devient-on homo ou hétéro ?
JC Lattès, 2006

Séparons-nous...
mais protégeons nos enfants
Albin Michel,
« Questions de parents », 2004

Ne sois pas triste, mon enfant
Robert Laffont, 1999

avec Anne Lamy
Maintenant, tu restes dans ton lit !
Albin Michel, « C'est la vie aussi », 2008

avec Sylvie Angel
La deuxième chance en amour
Odile Jacob, 2006

avec Karine Mayo
Les pipis font de la résistance
Albin Michel, « C'est la vie aussi », 2006

avec Pascale Leroy
Élever un garçon aujourd'hui
Albin Michel, « C'est la vie aussi », 2005

BERNADETTE COSTA-PRADES

Les filles (un peu) expliquées aux garçons,
les garçons (un peu) expliqués aux filles,
Albin Michel, « Questions d'ados », 2007

avec Olivier Grignon
Comment survivre dans un monde de brutes,
Albin Michel, 2005

avec Emmanuelle Rigon
Comment survivre quand on est une fille,
Albin Michel, 2003

avec Jacques Arènes
Comment survivre quand on est un garçon,
Albin Michel, 2003

avec Catherine Mathelin
Comment survivre en famille,
Albin Michel, 2002

avec Roland Beller
Comment survivre à l'école,
Albin Michel, 2002

Composition IGS-CP
Impression Bussière, août 2008
Éditions Albin Michel
22, rue Huyghens, 75014 Paris
www.albin-michel.fr

ISBN : 978-2-226-18674-4
N° d'édition : 25547 – N° d'impression : 082013/1
Dépôt légal : septembre 2008
Imprimé en France.